AF599781

CONVERSACIONES CONMIGO MISMO

SANTIAGO HERRÁIZ, madrileño. Hizo estudios de bachillerato en los Colegios Maravillas, de Madrid, y Nuestra Señora de Lourdes, de Valladolid, con los Hermanos del Instituto La Salle. Realizando más tarde estudios de Derecho en la Universidad de Salamanca. Polifacético deportista, fue en fútbol capitán de la selección española universitaria que conquistó el campeonato de Europa; consiguiendo, además, varios títulos de campeón de España en fútbol y tenis, todo dentro del ámbito escolar y universitario. Colaboró publicando poemas en la *Revista de Cultura Hispánica* dirigida por García Nieto y a su vez creador de la Fundación Cultural de Cercedilla, lo que le sirvió para tener contactos con Luis Rosales, Fernando Quiñones, José Alberto Santiago, Manuel Viola, Pepe Bardasano, Buero Vallejo, Adolfo Marsillach, Francisco Acaso, entre otros. En el año 2002 publicó su poemario *Árbol sin hojas*. Sus textos han sido traducidos al alemán. En la actualidad vive para su trabajo dentro del mundo del Seguro y para los caballos, su gran pasión.

SANTIAGO HERRÁIZ

CONVERSACIONES CONMIGO MISMO

HUERGA Y FIERRO EDITORES

HUERGA Y FIERRO EDITORES, S. L. U.
C/ SEBASTIÁN HERRERA, 9
28012 MADRID (ESPAÑA)
TELÉFONO: 91 467 63 61
E. MAIL: huerga@huergayfierro.com
WEB: www.huergayfierro.com

PRIMERA EDICIÓN
2024

DEPÓSITO LEGAL: M-15020-2024 - I. S. B. N: 978-84-128971-1-1
IMPRESO EN ROMADAC INDUSTRIA DEL LIBRO
IMPRESO EN ESPAÑA

CONVERSACIONES CONMIGO MISMO

Qué sería antes… Cercedilla o Santi Herráiz

No se entiende uno sin el otro
Cercedilla no es, sin Santi
Santi no es él si le quitan
del abrazo de Siete Picos.
Es el gran amor de su vida,
esos amores correspondidos que
hacen crecer.
Qué hubiera sido de Cercedilla sin Santi,
… no lo quiero ni pensar.
Cómo sería Santi sin Cercedilla
… no lo quiero vivir.
No se entiende el uno sin el otro
Y quien piense lo contrario
No conoce la Historia de Cercedilla
o No conoce a Santi Herráiz.

Muchos besos amigo

Monte Chaves 3/dic 2020

HOY vuelvo a coger el libro y veo tu foto que me recuerda dónde lo acabé ayer. Antes de comenzar su lectura te pongo a mi derecha y te miro, tus ojos me miran.

Dejo el bolígrafo quieto y mis ojos, mis dedos no se apartan de tus manos, tan acariciadas, tan añoradas.

Eran y son invisibles, de dedos largos, suaves ... estaban llenos de palabras.

Siento miedo de seguir escribiéndote; ¿te estoy escribiendo a ti? O aún más sencillo me escribo por dentro y no dejo de mirar tu rostro, tu belleza, tu melancolía.

¿Conocías ya el ayer cuando aún era hoy?

Yo no supe verlo. Tantos años han pasado y sin embargo el corazón no sabe de tiempo ni de años, sólo conoce la sonrisa, la tristeza y vuelve a vivir sin pensar, sin soñar, tan solo vive de las ausencias, de los recuerdos que besan hoy las ausencias.

Voy a seguir en la lectura. Siento picor en los ojos. Mi amor, hasta mañana. La tarde con 7 picos al fondo es como tu alma; un dulce atardecer.

Cercedilla, 14-07-2017

TUS pestañas, que son las pestañas de una mejilla ¿sólo pelos o el comienzo de una mirada, de una hermosa provocación para besarlas? Las tuyas, como tus ojos, eran castañas y tú, toda, eres el silencio de un bosque.

Pero estabas encendida, llena de vida, de esperanzas. Buscabas algo y lo encontrabas a ratos, a veces, y cambiabas tú y cambiaba todo lo que te rodeaba y a mi lado tu destino me besaba y me hería.

¿Por qué el destino sólo se conoce cuando ha pasado? ¡Qué ingenuidad si pensamos que hubiéramos podido cambiarlo; pero por ti y por mí no quiero creer en un "todo está escrito". No, nosotros sabiéndolo o sin saberlo lo escribimos, lo vivimos.

Ahora puedo descubrir muchos pasos de ese sendero que abrazados recorrimos como muchos enamorados, y en ellos andando no veíamos más que las primeras pisadas. Quizás dejábamos para otro día seguir el camino, ya ciegos los ojos del alma y abiertos los del cuerpo.

No sé qué quiero decirte porque se mezclan sentimientos con las letras, pero sí sé que tu silencio me habla y tu voz aún la oigo; me despierta y te sueño.

Quisiera no despertarme, dormido o despierto, y seguir escuchándote.

Cercedilla, 14-08-2017

HOY al abrir el libro, me miras y yo te miro.

Hay lucidez en ella y en la mía recuerdos y deseo de inventar momentos presentes. El silencio del día no me ayuda a escribir.

Cercedilla, 15-08-2017

HOLA Cristina. Acabo de abrir el libro y tu foto que me recuerda cuando dejamos ayer de leerlo me trae a la memoria tu imagen viva. Pero esa es la de ayer y yo ya he cambiado, mi pelo es blanco, no de nieve y sí de años. El tuyo se paró en el tiempo y sigue siendo castaño. Tus ojos son dulces y sonríes hoy en el papel.

Pienso, y detengo el bolígrafo para centrar mi pensamiento, cómo serías hoy. Tu pelo, blanco, ¿o variando como las hojas de los árboles?

Tus ojos, caminos de ayer, ¿los que andábamos o los que no hemos andado?

Me descentro, pues mi corazón no sabe escribir lo que siente. Y es difícil llamar letras y sílabas cuando él llora por un ayer.

Cercedilla, 29-08-2017

NO quisiera hacer daño a nadie, bastante daño hice.

Autor, no, cómplice. Quizá sin saberlo de un pasado infantil que no era mío.

Si es suyo, lo sabía ella? No.

Qué de cosas escribieran nuestros corazones, nuestros sentimientos. Emociones encerradas en lágrimas, o sonrisas que nunca lloramos o reímos.

El ayer sin vivirlo en el hoy. Quiero dormir y seguir soñando dormido.

Cercedilla, 29-08-2017

DESPUÉS de la lectura de hoy me has sonreído con los mismos labios con que nos besamos. Te he mirado y te he pedido una gemela como tú.

He pensado, ¿Y yo qué haría con una gemela como tú? Tu siempre ya serás joven. No dejaste pasar los años. Los míos han escrito mi vida y entre párrafos y líneas tu ausencia siempre presente.

Duele y alivia besar un papel y besar tus mejillas. La dulzura de tu voz que ya era viento, que ya no habla, no besa, y son otoños.

Comienzan las fiestas de septiembre y me pregunto: ¿cómo pueden ser fiestas si tu no estás? Con optimismo, si, ¡sí estás dentro de mí! Con tu ausencia y tu silencio hablado.

Llega la noche y se vuelve luz oscura, silenciando las horas. Duermo, sueño, o las dos cosas al mismo tiempo.

El ayer y el hoy se confunden.

Cercedilla, 31-08-2017

HOY me estás sonriendo, y tu sonrisa es bella pero no lo entiendo. En ella no sé si está lo que pasará o sólo porque el cielo azul está negro y lo negro parece azul.

Me confunden tus ojos, sus palabras sonrientes, quizás mi nombre, mi corazón escuchándote. Ya me he acostumbrado a tu silencio hablando y en mi voz un timbre mudo.

Me gusta el olor de la hierba y tu olor.

Vuelvo a la lectura. ¡Qué labios tan hermosos! Qué de palabras puse en ellos, y qué de respuestas me dieron.

¿Qué es ficción? ¿Inventamos la realidad o tenemos miedo a vivirla?

Aún hoy tengo tantas preguntas, tantos recuerdos no vividos, en los sueños, en otros momentos.

HOY he comenzado: te quiero. ¿Se puede querer al recuerdo? Sí, se puede.

Estoy oyendo el ruido del agua. Es como si hablara con tu corazón, sus palabras me llenan de emoción; es tenerte delante, no ya de papel, es tu alma de ojos castaños. Tu mirada, no sabría definirla de tan bella que es.

Los dos hablamos con nuestros silencios.

No dejo de verte, de mirarte, de sentirte en las vibraciones internas de mi cuerpo. Me aprieta y alargo mis manos acariciando tus dedos llenos de dulzura y de pensamientos.

A mi alrededor, perdona, a nuestro alrededor, el aire es el otoño entre verde y castaño. Las hojas de los robles comienzan a ser plumas en el aire.

Las miramos y como hojas de un calendario se van sumando los días en los que con besos de amores llenamos nuestras horas.

Ahora hablo o escribo para mí, que nostalgia siento.

Picor de ojos y una mirada, la mía, sobre un papel que se llenó con letras llenas de mi vida ausente de las tuyas.

Los recuerdos son sólo imágenes y duelen en su soledad y en que todo fue ayer.

Cercedilla, 05-09-2017

HOY he llorado con lágrimas de ayer.

La tierra está seca, la hierba amarilla, sin humedad que respirar, en las jaras no han nacido sus flores de blanca nieve y los frutales no han dado de comer a los pájaros.

Extraño verano de colores infernales, tan distintos a aquellos del fuego al atardecer de nuestros cuerpos juntándose para abrigarnos del frío o sólo disculpa para abrazar nuestras almas, nuestros cuerpos.

Te recuerdo dormida y tu piel era el vestido más hermoso que yo conocía.

Tu pelo parecía una cascada sobre tus hombros, mis manos resbalaban por ellos y seguían cruzándose con tus caricias. Aún siento tu cuerpo sobre el mío.

"¡Algún día ven a leer conmigo, aunque cada letra sea una gota de sangre!" Lo escribí un día en que mi silencio te llamaba.

¡Qué de veces he hablado calladamente!

HE terminado de leer y como siempre he dado un beso a tu cuerpo. Debajo del castaño he sentido el frío amarillo de septiembre. Sus ramas dan sombra como tus manos refrescaban mi cuerpo; sentía tus días entrelazados con los míos.

Te recogía en la soledad del colegio y tú, profesora, y tus pequeños alumnos, con la misma sonrisa en los labios.

Ellos caminan abrazados a sus madres. Tú y yo, más tímidos, ocultábamos nuestras emociones para momentos más íntimos.

La vida sigue. Es cierto, ¡sigue!

Sin embargo, ¡qué mentira! ¿Cómo va a seguir cuando antes eran cuatro manos abrazando nuestras palabras y ahora voces ocultas de ayer y que yo invento hoy?

Sí, la vida sigue, con soledad o compañía.

Cercedilla, 14-09-2017

HOY he terminado de leer el libro.

Lo más importante de él es que tu mirada me ha servido para la última página de mi vida. Lo abría, te miraba, y primero un beso en tus joviales labios ya secos o llenos de adioses.

Mientras te escribo y me escribo, oigo el ruido del agua como un susurro de voces dulces, suaves como las palabras que ya no pronuncias pero qué me llegan directamente al corazón.

Nuestras conversaciones, ya no necesitan de expresiones verbales, ni de fotos, ni miradas. Es mi corazón junto al tuyo y tus pensamientos son los míos, y así hablamos recordando recuerdos que a veces creo que invento.

Han pasado muchos años y el ayer como la vida es la suma de atardeceres, unos llenos de luz dormida y otros de noche oscura, y siempre estrellas que me hacen soñar con verte.

Miro el camino celeste de Santiago por si vienes andando a mi encuentro. Y yo debajo de Siete Picos te espero.

Hay lluvia de mis ojos.

Cercedilla, 17-09-2017

AYER pensé que había terminado nuestro libro. Hoy voy a seguir escribiendo porque cada letra es un vivirte de cerca.

La tarde está cayendo sobre Peñota. Es suave la temperatura de este Septiembre. El caer de las últimas horas de luz me hace más sensible a la naturaleza.

Siento que tú vives más con el ser interior, que no existen los horarios de los días y que las primaveras y los inviernos son una sola unidad de tiempo. El ayer y hoy lo encuentro en tus manos entrelazadas, ausentes ya de las mías.

Si supiera que existe otra vida te buscaría y te encontraría para seguir andando donde dejamos de andar.

¿Quién fue el primero en no sufrir, acompañar las huellas del otro?

Quizás todas las pisadas en cualquier camino son emociones que nosotros u otros las sintieron para que pudiéramos vivir no sólo nuestras vidas, sino también otras vidas.

Me gustaría aprender de los que están leyendo estas líneas.

Suman sus dolores, alegrías, dudas, verdades a las tuyas y a las mías.

Tú dramáticamente no quisiste seguir luchando, buscar la verdad desde el dolor. Por qué tus lágrimas no fueron sonrisas lo que pasó.

Nunca tu hoy vacío de días ha cumplido el no existir. Han pasado los años, pronto medio siglo, y tu vida ausente es más fuerte y sigue viviendo.

La tarde aumenta su silencio en un cielo semioscuro.

Si mirando a tus ojos de papel llenos de vida puedo leer todo, para qué seguir escribiendo?

Te escribiré por qué: el no poder carnalmente acariciar tus manos son estas palabras las que me acercan a tus caricias y convierten el ayer en tu presencia amada.

Cercedilla, 21-09-2017

QUERIDA Cristina:

Hoy he vuelto a leer a un amigo lo que he escrito y no me ha gustado. Tú ya eres una luz oscura y yo la sombra de tu luz.

Sólo vivimos si estamos en el presente y el recuerdo sólo es más añoranza.

Es un pasado que ya no existe. Me despido de ti con un beso blanco donde ya los labios no ponen palabras en los tuyos.

Regalo este block con sus sentimientos de ayer con esperanza de vivirte a una estupenda amiga que emocionó sus ojos por ti y por mí.

Cercedilla, 05-07-2018

NO existe la soledad sin un sentimiento.

Tu ausencia mis palabras sin oír el sonido de otras.

He andado caminos sin ruta, tu eras las huellas que seguían el silencio, el viento la mirada de mis ojos enamorados de los tuyos. La tarde cayendo.

El día amanece despacio. No tiene prisas por vivir un nuevo día. La noche vino deprisa, quería morir en el sueño.

Mi sueño soñando pensamientos fallecidos, tus ojos castaños. La nieve blanca cayendo sobre nuestros silencios.

Mi voz recordándote, la salida de tu colegio y los niños pequeños besándote con sus sonrisas, tus ojos los contestaban: ¡Hasta mañana!

Yo esperándote con mi corazón lleno de orgullo, yo una parte de ti.

Años después en el mismo camino a casa la nieve había escrito un un blanco silencio. Aún sigo escuchándolo.

Te veo en la nieve.

Cercedilla, 30-01-2019

ESTA mañana me desperté con una voz imaginaria que decía a la vida "¿se puede pedir más?" Contesté estas palabras, pero no sé si eran mías: "La felicidad está en cada instante. Toda la vida puede ser un segundo después puede la vida seguir viviendo."

No somos dueños de la vida. Sólo la muerte es dueña de ella.

Cuando decimos yo soy tuyo, tu eres mía, es ella la que nos permite este de palabras, de sentimientos.

Tu ausencia, me pregunto ahora, ¿fue tu decisión o ella puso los motivos, el día, la hora, las ausencias de otros sentimientos o amores que la convencieron de retrasar el ayer?

Se lo pregunto y no me contesta, despierto o soñando no me habla y se oculta como si no supiéramos que está presente en su oscura ausencia como tú.

Cercedilla, 31-01-2019

UN vendaval de viento fuera azota los árboles, con ruido ven caer sus ramas secas al suelo. Las jóvenes aún con vida de primavera, se doblan jugando con el viento.

En el suelo las rimas en un papel donde el viento deposita las palabras que no nos dijimos, las que nunca llegaremos a hablarnos. Hoy son huellas de pájaros.

Ellos hoy están contigo.

El sol está oscureciendo entre Siete Picos y mi corazón. En mis ojos también nieva.

No sé lo que escribo es bueno o malo.

Estoy hablando con ella, nunca habrá silencio.

Cercedilla, 03-02-2019

DENTRO del optimismo real de ayer escribí:

¿Qué es la vida sino el morir poco a poco?

Las lágrimas son lluvia de cielos negros, lágrimas azules de otro cielo.

Pedrisco, relámpagos, truenos.

Todo nacido del manantial de nuestro ayer.

Tú siempre presente en nuestra ausencia.

La tristeza es el sendero que nos lleva a la reflexión y ésta a la alegría de vivir los extremos. Éste es mi ayer y ella mi presencia ausente...

Se alegra de que siga viviendo con su recuerdo y me regaló el que aprendiera a amar. Su sonrisa me sigue llenando de alegría.

Su ausencia voluntaria me ha enseñado a vivir el hoy y que éste es la suma de lágrimas y sonrisas. Que descanses y que seas feliz.

Sigo viviendo contigo.

ESTOY cansado y no sé ni por qué ni de qué.

He apoyado los codos sobre la vieja mesa de hierro de mis abuelos y, con las manos sujetando mi cabeza he cerrado los ojos.

Dentro de ellos el cielo era naranja, un color hermoso y extraño.

Contigo lo viví cuando la tarde descansaba al atardecer sobre Siete Picos.

Ahora ya con los ojos tuyos y míos los estoy contemplando mientras una avispa juega a mi alrededor.

El mundo sigue sin tu vida y, sin embargo, estás viva en cada momento.

Y ahora me tienes que contestar: he estado enamorado años después de tu muerte y contéstame, ¿crees que he estado enamorado?

Tu silencio es cómplice de la respuesta que callaba antes dentro de mí.

Ahora sé que no puedo haberme enamorado pues aún no he aprendido a desprenderme del amor.

Amar sin que te amen. Eso es amar.

Hoy tantos años después de tu adiós callado sin avisar, pienso y siento que debí amarte todas las noches.

Te veo y te doy un beso.

Mi sueño es el tuyo.

¿Volveremos a vernos?

Mientras tanto te vivo en las letras.

PENSÉ que se me habían agotado las lágrimas llorando tu ayer, y el hoy me trae lluvia de invierno a mis ojos, dolor que creí agotado y me engañaba.

Veintiún años, "tío Santi" me llamaba, sonrisa siempre en sus labios. La alegría ingenua de quien está comenzando a vivir de adulto; de profesión: bondad, jinete olímpico.

Dieciséis horas antes su padre, él y yo hablábamos del futuro de nuestras vidas. Sesenta, veintiuno y ochenta.

Veintiuno y su futuro se está apagando.

He pedido a Dios cambiar mi vida por la suya, pero no me escucha.

Sé que no me debe favores porque no sé si existe, pero veintiún años tienen derecho a vivir. Yo he vivido y estoy contento de lo bueno y lo malo que he vivido.

Él no había comenzado a vivir, no sabía que la muerte nace con nosotros y a ella no le importa vivir veintiún años solamente.

HAY momentos en que no sabes si tu vida ha llegado al instante en que pone puntos suspensivos, interrogantes, y el dolor de los pensamientos se convierte en dolor físico.

El corazón vive amores antiguos y en su mirada, la mía, nosotros llenos de luces, otros, oscuros. Los míos ahora se cierran y me pregunto si quieren dormir o cerrarlos para vivir otra vida.

¿Cuál?

No lo sé.

Sólo silencio.

Los árboles ya no tienen viento.

DESPUÉS de muchos silencios vuelvo de nuevo a escribirte estas líneas.

No son palabras, son sentimientos con los que me duermo por la noche, en mis ojos tu cara de niña y sólo es una foto.

Siempre te mando un beso y la nostalgia de tus labios, en sonrisa tímida.

Me da miedo seguir aún haciéndote daño.

Tú muerta y yo no sé dónde estás para ir a buscarte.

La cama está vacía. Yo no soy nadie sin besarte y amarte entre el silencio de las sábanas.

Hoy comienzo a aprender a amarte desde que dijiste adiós voluntariamente, te llevaste mi vida y sólo me dejaste la presencia de tu ausencia.

Comienzo a amar lo que no supe amar.

Me voy a dormir y a besar tu recuerdo:

11-9-2023

A la Socieda de Mozos y Mozas

Hoy deseo que me entierren en el cementerio de Cercedilla quiero seguir hablando con mis parraos fallecidos y conocer a otros y a compañeros de la luz y la obscuridad. Solo una frase sobre mi lápida.

Sigo aquí Cercedilla.

Solo la natividad

y en dos flores hermosas las escarapelas de las mozas y de los mozos.

Un beso y abrazos

¡Por favor! Cumplir con mi deseo

¡¡Gracias y que siempre seáis felices

[firma]

ÍNDICE

CONVERSACIONES CONMIGO MISMO

Esta obra
se acabó de imprimir
con los auspicios de
Charo Fierro y
Antonio J. Huerga, editores

FINIS CORONAT OPUS